Worldwide Acclaim for Sudoku

"Diabolically addictive."
—*New York Post*

"A puzzling global phenomenon."
—*The Economist*

"The biggest craze to hit *The Times* since the first crossword puzzle was published in 1935."
—*The Times* of London

"The latest craze in games."
—BBC News

"Sudoku is dangerous stuff. Forget work and family—think papers hurled across the room and industrial-sized blobs of correction fluid. I love it!"
—*The Times* of London

"Sudoku are to the first decade of the twenty-first century what Rubik's Cube was to the 1970s."
—*The Daily Telegraph*

"Britain has a new addiction. Hunched over newspapers on crowded subway trains, sneaking secret peeks in the office, a puzzle-crazy nation is trying to slot numbers into small checkerboard grids."
—Associated Press

"Forget crosswords."
—*The Christian Science Monitor*

Also Available

Sudoku Easy Presented by Will Shortz, Volume 1

Sudoku Easy to Hard Presented by Will Shortz, Volume 2

Sudoku Easy to Hard Presented by Will Shortz, Volume 3

The Ultimate Sudoku Challenge Presented by Will Shortz

Sudoku for Your Coffee Break Presented by Will Shortz

Sudoku to Boost Your Brainpower Presented by Will Shortz

For Sudoku Lovers: 300 Puzzles in Just One Book!

The Giant Book of Sudoku Presented by Will Shortz

Try These Convenient, Portable Volumes

Pocket Sudoku Presented by Will Shortz, Volume 1

Pocket Sudoku Presented by Will Shortz, Volume 2

Pocket Sudoku Presented by Will Shortz, Volume 3

Pocket Sudoku Presented by Will Shortz, Volume 4

Will Shortz's Favorite SUDOKU VARIATIONS

100 KAKURO, KILLER SUDOKU, AND MORE BRAIN-TWISTING PUZZLES

EDITED BY
WILL SHORTZ

PUZZLES BY
PZZL.COM

ST. MARTIN'S GRIFFIN
NEW YORK

 For information, address St. Martin's Press, 175 Fifth Avenue, New York, N.Y. 10010.

www.stmartins.com

ISBN 0-312-36014-2
EAN 978-0-312-36014-6

10 9 8 7 6 5 4

Introduction

At first blush sudoku seems perfect just as it is: A typical 9 x 9 grid provides ten to thirty minutes of solving pleasure—just enough to feed a daily "habit." The instructions are so simple they can be stated in a single sentence. Any variation adds unnecessary complication. The logic needed to solve sudoku can be surprisingly deep, yet not so deep as to be impossible.

Why mess with perfection?

Human ingenuity being what it is, though, puzzlemakers around the world have already created dozens of sudoku variations, some of which are quite good. We've seen sudoku in 6 x 6 squares, 12 x 12, 15 x 15, and other sizes. We've seen sudoku with circular grids, diagonals that also have the digits from 1 to 9, grids partly overlapping other sudoku grids, even toroidal grids in which the numbers wrap around from one edge to the other.

For this volume we've picked our five favorite sudoku variants and created twenty examples of each one. Each type is designed to provide an extra twist to the solving—figuratively and sometimes literally! The puzzles within each section proceed from easy to hard. Instructions to each of the puzzle types appear on the following pages.

As in our previous sudoku books, all the puzzles here were created by Peter Ritmeester and the staff of PZZL.com.

Have these puzzles improved on "perfection"? Try them yourself and decide!

—Will Shortz

Instructions

Wacky Shapes Sudoku (Puzzles 1–20)

Also called "Geometrical Sudoku." Invented by Michael Rios, an American, for the Ninth World Puzzle Championship, October 2000, in Stamford, Connecticut. Similar puzzles with less irregular shapes had appeared previously in Japan and elsewhere.

Complete the grid so that each row, column, and highlighted region contains each of the digits from 1 to 9, without repeating.

Hyper Sudoku (Puzzles 21–40)

Also called "Sudoku Extra." Invented by Peter Ritmeester and published in the Dutch newspaper NRC Handelsblad *in 2005. Also published independently in Japan.*

Complete the grid so that each row, column, 3 x 3 box, and *shaded 3 x 3 box* contains each of the digits from 1 to 9, without repeating.

ABC Sudoku (Puzzles 41–60)

Also known as "Alphabet Sudoku," "Wordoku," and by other names. Invented by Frank Longo, an American, and first published by Sterling Publishing Company in 2005. Created independently in other countries as well.

Complete the grid so that each row, column, and 3 x 3 box contains each of the letters shown in the grid exactly once. When you're done, one of the rows or columns will spell a nine-letter word.

Killer Sudoku (Puzzles 61–80)

Also called "Sums Sudoku" and (in Japan) "Samunamupure." Invented by Miyuki Nisawa and popularized in Japan and elsewhere by Tetsuya Nishio.

Complete the grid so each row, column, and 3 x 3 box contains each of the digits from 1 to 9, without repeating. Also, the digits in each outlined area must sum up to the number given in its corner. No digit can be repeated in an outlined area.

Starting hint: Look for outlined areas with very low or very high totals. These often furnish unique or nearly unique sets of digits, which can give you a toehold in solving. Also, note that the digits 1 to 9 add up to 45. Thus, if outlined areas together cover a column, row, or 3 x 3 box plus one square, the value of this one square must be the total sum of the areas minus 45.

Kakuro (Puzzles 81–100)

Also known as "Cross Sums." Invented by Jacob E. Funk, a Canadian, in Official Crossword Puzzles *magazine in April/May 1950; first presented in its modern form (with the clue numbers inside the grid) in June/July 1966.*

Complete the grid by putting a single digit from 1 to 9 in each white square. A clue number represents the sum of the digits to be placed in the squares to the right of it (for an Across answer) or beneath it (for a Down answer). No digit is repeated within an answer. In the first few puzzles two answers have been filled in for you. The next puzzles have one answer filled in. In the final puzzles the starting point is for you to discover.

Starting hint: Look for very low or very high totals for the number of squares. For example, a two-square answer with a total of 3 must consist of the digits 1 and 2, in either order. A three-square answer with a total of 7 must consist of the digits 1, 2, and 4, in some order. A four-square answer with a total of 28 must consist of either 5, 6, 8, and 9, or 4, 7, 8, and 9, in some order. Et cetera.

Wacky Sudoku 1

9		3		4		6	1	
5						8	9	
		1		5		7		
	6		8	3	5			
3				7			4	8
							8	3
8	3	2				1		
	1			2	3			9
4			7					2

2 Wacky Sudoku

								1
5		6					2	8
2		7	1	6		3	5	9
8	7			9	1			6
1		9					7	4
7	5	1			9	4		2
			2					
	9						6	5
3								

Wacky Sudoku **3**

3				5		2		1
			4	3	8	9		
			7				5	8
		4	1	7		6		
		9				3		
	1		9					
							8	9
9	4	1	8					2
6	5	3				8	4	

4 Wacky Sudoku

	9				1	4		2
	1	8	7	2				6
7								8
	3		9	7			8	
	6			5	2			
8								3
		7			9	2	3	4
		9	8	4				5
		5	6	1				

Wacky Sudoku **5**

								6
			6	9	8			
	5			1	6	9	2	4
	2	4	7		9	1		
					2	3	5	
	9							7
			3	2			4	5
		7	1			2	8	
	6		4	8			9	

6 Wacky Sudoku

2						1		6
8	5				9	4	1	2
	6			5				9
	1		3			5		
				8		9		3
5				9	3			
9								
		7	5	2	8			1
		5	1	7		8	2	

Wacky Sudoku **7**

				3		2		1
	4		9	8	2			5
					7	6	4	
		2	1		4	8	3	
	9		7					2
			6	2		1	5	
			4	1				7
			3			9	8	6
	3				6	4		

8 Wacky Sudoku

			1					
6				4	8		9	
							2	1
	5		8					
1			6	5		7		9
	7		9	2		3		
	3					2		8
					9			
	1	7			6			

Wacky Sudoku **9**

	2	6	8			7		
		3				4	6	
5		7					2	
			9	3				1
		5		8	7			6
2		4						
			1				9	
1				6		5	7	

10 Wacky Sudoku

		7						
8				3				
				2			5	
4				1	9	2		
		6	4			7		
			8					
3			6				9	
9	5						8	2
		8	1					

Wacky Sudoku 11

						8	4	1
1	6	4	9					
		6						
	1		6		2		9	
			7		4			
	2							7
3		5	8			4		
			1		3			
	4			7				2

12 Wacky Sudoku

		2	8			7		
6	1					2		
	3	7		4				8
			6				4	2
	8	9		7	6		3	
		3		9		8		
	4							
		8				1		
						6	5	

Wacky Sudoku 13

	5			9				
4	8	7				3		6
	2			3			4	
		3		1	7		9	
				4	2			
	9							
8			9		4		5	
1	3		5					
2						9		7

14 Wacky Sudoku

8								
		2					6	
	6			4	5	7	8	
			9					
	9				7			2
			1	2				
		1	7	8				3
			2	3		4		
	7						3	

Wacky Sudoku 15

				4				
			7					3
				5				2
9								
			6				2	
			3	6				
		8				5	7	
	7	2			9		1	

16 Wacky Sudoku

8		2		5				
		8		6		1		7
					6	8	4	
					2			
				3				
		6						
	9				1	7		
					3		9	2
	1							

Wacky Sudoku 17

				8		3		
		9						
		1	4			9		
4					6			2
	8			1				4
5								1
					3		5	
		7						

18

Wacky Sudoku

			9			7		
				1	7			
			6					
	3							
			4	3			6	8
	6				1			3
				4			7	
							9	
	4			2				

Wacky Sudoku **19**

			3			4		6
		7	9					
4								
		5						
8						9		
					7	1	3	
6				8		7		
				1	2			4
				5		6		

20 Wacky Sudoku

		5	1					7
1			3		8	9		
	9					1		
			5					3
					9	5		
	5					6		
		2	9				8	
	8	7		6			1	
				7				

Hyper Sudoku 21

	8		4					
				3	2			9
2			8		9	1		
7				8				
6		5	2		1	3		
	1	8		6				
		9	5		4	6		
	4			9			3	
	6	7			8	4	9	

22 Hyper Sudoku

	7			9			8	
8	2		5	4	6		7	
				2				3
6	4	8				3		
1				6				
	9			1			2	
4	3		2			1	6	
2	1					8		7

Hyper Sudoku 23

<table>
<tr><td></td><td></td><td></td><td></td><td>8</td><td>5</td><td>7</td><td>2</td><td></td></tr>
<tr><td></td><td></td><td>4</td><td></td><td>7</td><td></td><td></td><td>5</td><td>3</td></tr>
<tr><td>5</td><td>7</td><td></td><td></td><td></td><td></td><td></td><td>9</td><td></td></tr>
<tr><td></td><td></td><td></td><td></td><td></td><td></td><td></td><td></td><td></td></tr>
<tr><td>9</td><td></td><td>7</td><td></td><td></td><td>3</td><td></td><td></td><td></td></tr>
<tr><td>3</td><td>4</td><td></td><td>1</td><td></td><td></td><td></td><td></td><td></td></tr>
<tr><td></td><td>5</td><td></td><td>7</td><td></td><td></td><td></td><td></td><td></td></tr>
<tr><td></td><td></td><td>6</td><td></td><td></td><td>8</td><td>4</td><td>3</td><td>5</td></tr>
<tr><td>4</td><td></td><td>2</td><td></td><td></td><td>6</td><td></td><td>8</td><td></td></tr>
</table>

24 Hyper Sudoku

	6					1		
2								
8	9					4		
9			2		1	5		
6	1		5					9
	3							
	2	9	4			7		
5		6				8	4	
1	8			2	6			

Hyper Sudoku **25**

1		9				8		
		6			5		9	
	3		9	1	8			6
		2			7	6		4
		3			1			
		5					1	
	2	4	1	9				7
								1
					6			9

26 Hyper Sudoku

2	1	6					9	
	5		6					
3	4		1					
	7					5		8
					1			
		4			8	1	7	3
					4			
5	2			8	3			
	9	7			5	8		

Hyper Sudoku 27

5			1	9		4		
8							1	3
								9
	2	6						
		9						
1		5		8		2	9	
		7		5			8	
	4	8	9				7	2

28 Hyper Sudoku

					5			
8						6		7
	3							
5				3	4	1		6
			5		9			
	7		6	2				
	2			8		9	7	
1					3			
		9			6			8

Hyper Sudoku 29

					5	7		
						8		2
		1	9					
5		8	7		1			3
		7			8			
		6			9			
				9			2	5
	3	9			4			7
						6		4

30 Hyper Sudoku

		6			9		7	1
	9	3						8
1					5	6		9
	5					7		
	3		9					
		4	7		2	8	5	
7							1	
					6			

Hyper Sudoku 31

							2	
1			4		6	3		
				5		4		
	6		8			7		
	7	4				5	1	6
9		8				2		
			5					
	1				8			3

32 Hyper Sudoku

		2			6			
		6	8	1				
			9					
						1		
			4				3	7
					1			2
8		3					4	
1	7		6			8		
4			7					3

Hyper Sudoku 33

			2				4	
9	8		4				2	
				1				
3	6	7				1		
				6		9		
	2							7
		8						
	7	3		2			8	
							7	

34 Hyper Sudoku

							1	
		5	9					3
	4		2		3			
					1			
5				7			3	
2		8						
	9	3	1	4				5
6			7					
						8		

Hyper Sudoku 35

		2	9	5		8		
1								
	7							
		6	2				4	8
	4		1	9		3		2
							2	
		5	7				9	
		3						

36 Hyper Sudoku

							1	
	5		8		2			
						4		
								2
				4			3	
	3							7
		6	2			9		
		4			5	3		
	7						6	

Hyper Sudoku **37**

		1		5				
5						6	2	
	4	3						
					1	7		
					4	9		
1		5						3
								7
	2							6

38 Hyper Sudoku

8								
						1		
			3			5		
	7		4					
					9			
6	8	1						
		3	9	1		6		
			5		8			
				6				

Hyper Sudoku 39

			7			4		3
					9		6	
	2							5
							1	
1					3			
			8	1				
					2			
	9					6	8	
				4				

40 Hyper Sudoku

	8							
						6	9	
								2
		3						
9						5	8	
4				7				
	5					4		
	1	2			8			

				G	D		O	N
Y						A	L	D
	R	O		L		Y		G
	O		L	A				
A		D	R					
	F	L	D		N	O		A
L				D		N		
		N	A				Y	
G	A		O			D	R	L

42 ABC Sudoku

S				E	F	H	C	L
E	H						S	
F		A						
	U				B		L	C
B	C	L						A
	E			C	H			U
		H	U	B		L		S
		E	H		A			
U	A		C	S		F		

ABC Sudoku **43**

	N	H			P	C		
I			Y	H			N	S
	S					H	I	
		O		M	I		Y	C
N	P	I					M	
	Y			N				H
H	I	Y	N		M			
P		S		O		M		
		N			H		S	

44 ABC Sudoku

C		T		Y	I		A	
	N					G		Y
		M			S			
	C	S	A	G				M
A			C	S	N			
	G		T		M	S	C	A
	I	C					T	
	T			N				G
	A	G			C			I

ABC Sudoku 45

<table>
<tr><td></td><td></td><td></td><td>G</td><td>U</td><td></td><td></td><td>H</td><td></td></tr>
<tr><td></td><td>G</td><td>R</td><td>M</td><td></td><td></td><td></td><td>N</td><td></td></tr>
<tr><td></td><td>U</td><td></td><td></td><td></td><td></td><td></td><td></td><td></td></tr>
<tr><td></td><td></td><td></td><td>R</td><td></td><td>H</td><td>E</td><td></td><td>G</td></tr>
<tr><td>I</td><td></td><td></td><td></td><td></td><td></td><td></td><td></td><td>N</td></tr>
<tr><td></td><td></td><td>N</td><td>I</td><td>D</td><td></td><td></td><td>R</td><td></td></tr>
<tr><td>R</td><td></td><td></td><td>E</td><td></td><td>U</td><td>I</td><td></td><td>H</td></tr>
<tr><td>U</td><td></td><td>I</td><td>N</td><td>G</td><td></td><td>R</td><td>M</td><td>E</td></tr>
<tr><td>E</td><td>M</td><td>G</td><td>H</td><td></td><td></td><td></td><td></td><td></td></tr>
</table>

46 ABC Sudoku

O			S			R	E	
U				M				
					T	S		
	R	O		E				S
P						U	O	
E	U		P		S	M		
M	A	P				E	U	
			M	P				
			R		U	O	M	

U					L			Y
Y					N	U	V	R
	O						L	
	S		R	N				
R			V			L		
	E		L	Y	O			
		S				Y		
O				V		R	E	U
V				O				L

48 ABC Sudoku

U		E	S			R	N	
N	S					Y	T	E
G	Y							
			E	T	U		G	
				G				R
		T			R		S	
		S						O
O			U	S				
T			Y			S	U	

ABC Sudoku 49

	T	L		H			I	
	I	H	R	E	T			
	A				L			
		R				I		
				L	R			
		T	H		N	E	R	
	N	A	L		G			
	L				I	T	A	
			N					

50 ABC Sudoku

L				G				
O			I			R		
T		R		O		I		G
	O							H
	R	L	H		G		T	
		A	R				G	I
	M					O	A	
	T		M					R
			O		I			

ABC Sudoku 51

A	G			O	U			
	N		I	R				
							R	
					G			
		I	S					U
S		M				A	N	
U	S		R					N
		O	M	A			G	
	I		O		N		A	

52 ABC Sudoku

							R	
		T				N		
N	E	O						P
		P		A				O
	V			R		E		N
	R		N				T	
	D		R		N			
V			P			A		
P			V				D	

ABC Sudoku 53

		A			Y			
S			E			Z	O	
		E	L	N	S		A	
	N		A	L				
								S
Y			N					
E				Z			Y	N
		L	B				Z	
A								B

54 ABC Sudoku

	I	S			M	E		
	T				C	R		
								M
		T						
			S	Y		H	M	
	C		M		E			
						C		
	S	H	C		I			E
	M					I	T	R

ABC Sudoku 55

A			U				C	
	E				N		I	P
				T				
	P	T				N		
C				N				
		I		E				U
				U		P		
		C	E					
N	A		M			E		I

56 ABC Sudoku

	U	L			M			A
		B		N	A	L		U
					I			T
				I		A		
				A				
H	M				L			
T				U			M	
					T	B		
N		H						

ABC Sudoku 57

				A	S	E		
		E					P	
	E	I		C				
		P					R	C
	C	R				A	I	
			S	P	L			
	I				E	L		
	H		R				S	A

58 ABC Sudoku

		V	O					N
		R	A				S	
N								
	S		V	E	R	P		
		E				A	U	
	O		U				A	
A								V
V		S	N	O				E

ABC Sudoku 59

	S			M		E		
	R							
		U	R		N	D		
	N			I				S
		A	D	S			M	
							U	
E		M		D		S		
I			A		R			M

60 ABC Sudoku

					Y		F	
			O				Y	
		T						I
	Y		R			S		O
	T	H	I					
				H	R		A	
A				I		T		
		I			F			H

Killer Sudoku 61

13		**4**	10		13	3	**8**	10
3	14		11	**2**			19	
15	3			9		11		
	17	9	**8**	9			3	
3			8	4	16	14		**4**
	9					**3**	15	
14	13		16	**4**	10	17		**1**
	2					9		11
4	4		17		13			

62 Killer Sudoku

7		19			11		4	7
7	17		7	3		15		7
	12	4	11		14		11	
3			10			9		9
	15		4	4	14		7	
19				13		10		15
10		5	14		4	3		
17	8			4		16		
	7			8	10		11	

Killer Sudoku 63

1	13	**4**	5		17		11	
13		14	**4**	12		12		5
			7		17			
15	3	8	20			5		20
			13	6	6	**2**	9	
6	15					20		
	5		8	**8**			16	
7	15			3		10	11	
8		21			**7**		3	

64 Killer Sudoku

4		14		9		13	9	
7		17	3	16			6	14
11			11	6				
10	10			10		14	3	
	8	13			17		8	
11	8		4			7	13	12
	2	11		15	6			
17		3			4	15		
12			15			10		7

Killer Sudoku 65

66 Killer Sudoku

12		6			13		14	
17	3	11		17	4		15	7
		12			6			
	15		9	8	4		7	19
11	12	5			16			
			15	10		17		
11		17		6			8	
4				13	10	9	16	
11		11					4	

Killer Sudoku 67

15	14		10				18	
	15		21		15	11		
		4		17		16	6	
16					9		18	
13		13		9		4		
		15			11	14		3
21			16					
	3		7	19		12	12	13
15								

68 Killer Sudoku

16		20			5		11	
	10		7		17	17		
15	5		10			14		9
		22		19		6		
5			23		17	21		
		10					8	12
12				9				
	16		6	12	12	13		
15						11		

Killer Sudoku 69

13	15			9			10	11
	12		12	20	11	14		
5		17					7	
13	4				8		8	
			17	14	7	21		
18						13	5	
11		6			16		13	
8	9		4			3		12
	16			10		13		

70 Killer Sudoku

3		12	11		12		24	12
17			10		20	4		
17			3					
	12		12	14		10		4
15	11	3			17			
				24	6	18		
9		23				3		17
4	9		9			9		
			7		12		12	

Killer Sudoku 71

12	13		11		13	13		
	9	17				23		16
		9		6				
11		10	7	15		7		
12					12		9	
10		14			11		10	
6		21			13	3	16	23
	15		5	11				
18					4			

72 Killer Sudoku

21			12		18		9	
9			17	4			13	
14		19		17			8	23
					22	13		
	18		10					
16					23	9	7	
17		7					23	17
			14		11			
14								

Killer Sudoku 73

17	11		24				5	
		27	8			15	14	13
7			17		9			
			7				16	17
5		14		17				
10	12		3		10			11
	13			18		30		
15			13		11		6	
10								

74 Killer Sudoku

3	17	14		7		5	14	23
		10	15					
10			10	5	11			
4		10			20			10
13				16	17			
17	9		12		10			
	4			7	16	13		12
9	9					17		
	16		14		6			

Killer Sudoku 75

15		7		17	7	4		14
4	11	9				17	23	
		9		11				
5		17		8	3			7
18			15			9	7	
11	11			11				10
	13		12	10	23	8		
13	3					13		14
	7					9		

76 Killer Sudoku

24			17	12		18		10
8		9			24			
15							15	
	20		3	16	11			21
	6					8		
		30		7	10	10		
26	5	9				18		16
				9				
		16			12			

Killer Sudoku 77

11	12		10			17		13
	10		12		11			
11		10		16		4		8
	10		45			14		
8		15				11		9
15						17		
		5	12	30	6		8	
23							13	
	7					12		

78 Killer Sudoku

16	9		15			18		4
	14		10	17				
9					14	17		12
	15	3	17					
			18		9		17	
17		14	7			14		10
9	12			4		15		
			15		14		6	11
	17		6					

Killer Sudoku 79

80 Killer Sudoku

Kakuro 81

■	■	↓19	↓14	■	■	↓8	↓4	↓21	■
■	→3			↓20	→12				↓15
■	↓14 →19				↓9 →12				
→28	8	5	3	6	4	2	↓6 →13		
→13			↓3 →12			↓16 →14			■
■	■	↓12 →4			↓14 →8			↓17	↓12
■	↓15 →8			↓20 →9			↓21 →13		
→12			↓4 →25						
→13					→19	6	8	5	■
■	→11				■	→16			■

82 Kakuro

■	■	12\	5\	■	■	■	4\	23\	■
■	3\3			14\	■	29\6			3\
\11					6\15				
\5			24\17				22\6		
■	\14			19\29	5	9	7	8	■
■	■	29\8			6\14			30\	■
■	14\29	8	9	7	5	5\17			14\
\11			11\6				13\16		
\29					\21				
■	\15			■	■	\14			■

Kakuro 83

		14	12	10		12	4	17	
	10 \ 6				\ 16				18 \
\ 22					\ 14				
\ 3			14 \	3 \	15 \		9 \ 6	5	1
\ 23					2	4 \ 18			
	9 \	27 \ 15			5			20 \	20 \
\ 20				\ 25	8				
\ 13	5	8	5 \	8 \		4 \	14 \ 17		
\ 17					\ 11				
	\ 7				\ 16				

84 Kakuro

		20↓	16↓				12↓	22↓	
	3↓ 9→			4↓		21↓ 17→			6↓
15→					12↓ 11→				
9→			24↓ 15→				9↓ 4→		
	16→			11↓ 30→					
		29↓ 14→			6↓ 4→			10↓	
	11↓ 24→	9	8	3	4	9↓ 5→			17↓
15→			3↓ 6→				10↓ 13→		
11→					23→				
	10→					4→			

Kakuro 85

■	■	20\	8\	16\	■	8\	9\	30\	■
■	7\24				\9				9\
\13					\26				
\3			8\	6\	9\	■	9\8		
\17					1	11\19			
■	15\	14\15			3			28\	20\
\14				\19	5				
\3			7\	12\	■	3\	4\15		
\12					\20				
■	\23				\13				■

86 Kakuro

■	■	↓15	↓16	■	■	■	↓17	↓18	■
■	↓17 →10			↓17	■	↓23 →14			↓4
→30	8				↓7 →20				
→14	9		↓24 →23				↓7 →7		
■	→10			↓21 →11					■
■	■	↓25 →16			↓16 →5			↓29	■
■	↓13 →29					↓9 →9			↓6
→15			↓3 →23				↓3 →12		4
→10					→13				2
■	→8			■	■	→11			■

Kakuro 87

■	■	10\	17\	25\	■	9\	10\	13\	■
■	8\21				\14				6\
\19	2	3	9	5	23\12				
\6			17\16			■	11\6		
\15						30\7			
■	17\	14\26						18\	14\
\13				\17				6	
\11			16\	3\14			8\7	4	
\14					\14			3	
■	\19				\18			5	■

88 Kakuro

■	■	↓10	↓12	↓22	■	↓6	↓3	↓18	■
■	↓8 →10		4		→6				↓7
→17			5		→12				
→16			3		↓13	■	↓8 →8		
→6			↓14 →11			↓17 →14			
■	↓20	↓13 →15						↓26	↓18
→20				→8			↓14 →17		
→4			↓4	↓8	→11		3		
→16					→16		2		
■	→14				→20		9		■

Kakuro 89

■	\	10\	10\	■	■	16\	15\	29\	■
■	15\11			30\	\24				15\
\20					11\23				
\23	4	2	1	8	3	5	17\16		
\6			6\14			27\15			■
■	■	19\12			15\14			29\	20\
■	16\3			19\16			6\14		
\14			6\37						
\29					\21	6	1	5	9
■	\7				■	\12			■

90 Kakuro

■	■	27\	28\	■	■	■	8\	10\	■
■	14\7		4	9\	■	17\4			3\
\26			8		6\14				
\30			3				39\4		
■	\12		5	10\14					■
■	■	10\4	1		14\16			12\	■
■	6\19		7			10\14			15\
\8			12\21						
\14					\28				
■	\9			■	■	\6			■

Kakuro 91

	16\	21\		17\	16\	13\		17\	38\
\9			\23				\16		
\12			12\21				4\13		
	26\14			12\	23\3			38\	
\16						8\14			
\5			17\24				3\16		
\23				10\20					
		3\16			6\	4\4			16\
\4			\7				\17		
\9			\6				\16		

92 Kakuro

■	■	15\	6\	■	■	■	6\	14\	■
■	5\3			4\	■	11\7			6\
\12					16\10				
\4			13\11				18\3		
■	\15			28\28					■
■	■	16\13			9\11			29\	■
■	4\10					14\13			4\
\6			17\23				15\6		
\23					\21				
■	\14			■	■	\17			■

Kakuro 93

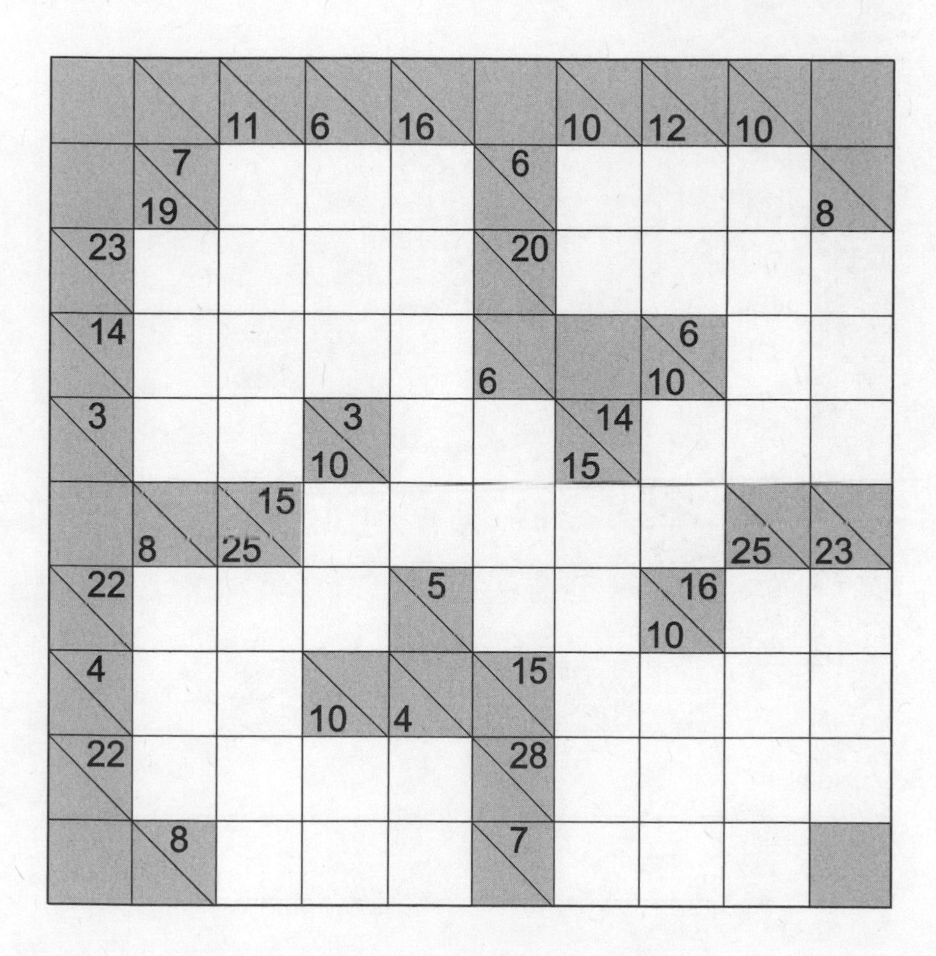

94 Kakuro

■	■	22\	12\	19\	■	16\	11\	10\	■
■	12\6				\14				12\
\22					15\17				
\4			18\14			■	12\5		
\23						18\19			
■	11\	24\21						14\	24\
\13				\22					
\17			3\	4\8			17\8		
\12					\29				
■	\7				\13				■

Kakuro 95

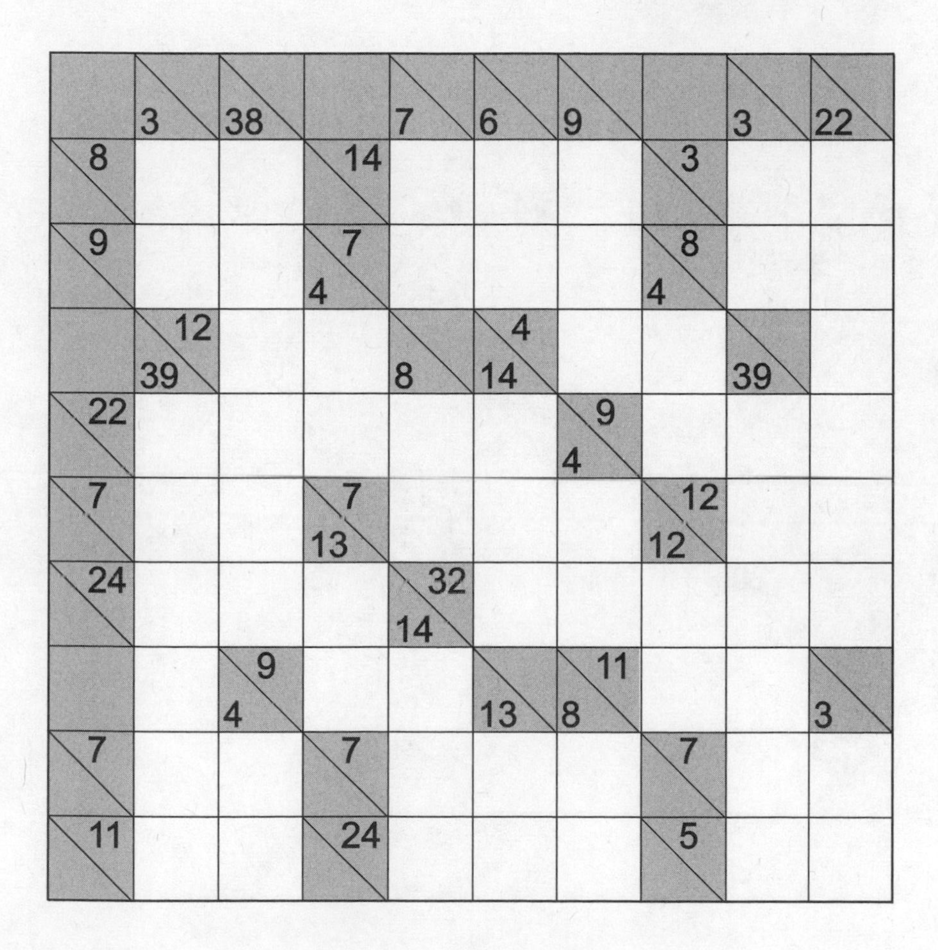
3 38 7 6 9 3 22
8 14 3
9 7 4 8 4
12 39 8 4 14 39
22 9 4
7 7 13 12 12
24 32 14
9 4 13 11 8 3
7 7 7
11 24 5

96 Kakuro

■	■	25↓	23↓	■	■	■	5↓	28↓	■
■	5↓ 6→			14↓	■	18↓ 10→			6↓
11→					13↓ 11→				
32→							37↓ 12→		
■	17→			29↓ 27→					■
■	■	11↓ 9→			9↓ 14→			12↓	■
■	4↓ 22→					10↓ 13→			11↓
6→			12↓ 23→						
22→					29→				
■	5→			■	■	3→			■

Kakuro 97

■	14\	39\	■	8\	14\	14\	■	4\	39\
\17			\24				\9		
\11			16\11				6\5		
■	21\12			6\	23\3			21\	
\35						5\15			
\14			3\12				11\11		
\8				18\17					
■		3\6			4\	9\14			17\
\6			\8				\14		
\3			\19				\12		

98 Kakuro

■	6\	11\	21\	■	■	■	14\	6\	5\
\7				21\	■	4\6			
\29					6\12				
■	■	16\16						18\	5\
■	5\29					\14			
\4			29\	■	12\	9\	12\4		
\18				12\16					■
■	8\	4\35						6\	13\
\21					\11				
\8				■	■	\13			

Kakuro 99

	↓17	↓28		↓8	↓12	↓15		↓17	↓21
→11			→23				→10		
→15			↓13 →6				↓16 →14		
	↓39 →16			↓17	↓6 →15			↓35	
→29						↓9 →10			
→10			↓16 →14				↓8 →12		
→16				↓16 →15					
		↓13 →11			↓7	↓10 →16			↓17
→16			→6				→12		
→12			→23				→16		

100 Kakuro

■	↓19	↓30	↓14	↓6	■	↓10	↓6	↓28	↓21
→29					→29				
→14					→10				
→14			↓14	↓4	↓19	■	↓24 →16		
→21						↓17 →18			
■	↓15	↓29 →33						↓12	↓21
→15				→34					
→14			↓4	↓3	■	↓5	↓12 →4		
→12					→24				
→15					→11				

ANSWERS

1

9	8	3	2	4	7	6	1	5
5	2	7	3	1	6	8	9	4
2	4	1	9	5	8	7	3	6
7	6	4	8	3	5	9	2	1
3	5	6	1	7	9	2	4	8
1	7	9	4	6	2	5	8	3
8	3	2	6	9	4	1	5	7
6	1	8	5	2	3	4	7	9
4	9	5	7	8	1	3	6	2

2

9	6	3	8	7	5	2	4	1
5	3	6	9	1	4	7	2	8
2	4	7	1	6	8	3	5	9
8	7	2	4	9	1	5	3	6
1	8	9	3	5	2	6	7	4
7	5	1	6	3	9	4	8	2
6	1	5	2	4	7	8	9	3
4	9	8	7	2	3	1	6	5
3	2	4	5	8	6	9	1	7

3

3	9	8	6	5	4	2	7	1
1	2	7	4	3	8	9	6	5
4	3	6	7	2	9	1	5	8
5	8	4	1	7	2	6	9	3
2	7	9	5	8	6	3	1	4
8	1	5	9	4	3	7	2	6
7	6	2	3	1	5	4	8	9
9	4	1	8	6	7	5	3	2
6	5	3	2	9	1	8	4	7

4

5	9	6	3	8	1	4	7	2
4	1	8	7	2	5	3	9	6
7	2	4	1	3	6	9	5	8
6	3	2	9	7	4	5	8	1
9	6	3	4	5	2	8	1	7
8	5	1	2	9	7	6	4	3
1	8	7	5	6	9	2	3	4
2	7	9	8	4	3	1	6	5
3	4	5	6	1	8	7	2	9

5

9	4	8	2	3	1	5	7	6
5	7	1	6	9	8	4	3	2
7	5	3	8	1	6	9	2	4
8	2	4	7	5	9	1	6	3
4	1	6	9	7	2	3	5	8
3	9	2	5	6	4	8	1	7
1	8	9	3	2	7	6	4	5
6	3	7	1	4	5	2	8	9
2	6	5	4	8	3	7	9	1

6

2	8	4	9	3	5	1	7	6
8	5	3	7	6	9	4	1	2
4	6	2	8	5	1	7	3	9
7	1	9	3	4	2	5	6	8
1	7	6	2	8	4	9	5	3
5	2	1	4	9	3	6	8	7
9	3	8	6	1	7	2	4	5
6	4	7	5	2	8	3	9	1
3	9	5	1	7	6	8	2	4

7

4	6	9	8	3	5	2	7	1
6	4	3	9	8	2	7	1	5
8	1	5	2	9	7	6	4	3
7	5	2	1	6	4	8	3	9
1	9	4	7	5	8	3	6	2
3	7	8	6	2	9	1	5	4
9	8	6	4	1	3	5	2	7
5	2	7	3	4	1	9	8	6
2	3	1	5	7	6	4	9	8

8

3	4	5	1	9	2	8	7	6
6	2	1	7	4	8	5	9	3
5	9	8	3	6	7	4	2	1
9	5	3	8	7	4	6	1	2
1	8	2	6	5	3	7	4	9
4	7	6	9	2	1	3	8	5
7	3	9	4	1	5	2	6	8
2	6	4	5	8	9	1	3	7
8	1	7	2	3	6	9	5	4

9

3	2	6	8	4	1	7	5	9
8	1	3	5	9	2	4	6	7
5	6	7	4	1	9	8	2	3
4	7	2	9	3	5	6	8	1
9	4	5	3	8	7	2	1	6
7	8	1	6	2	3	9	4	5
2	9	4	7	5	6	1	3	8
6	5	8	1	7	4	3	9	2
1	3	9	2	6	8	5	7	4

10

5	3	7	2	4	8	9	1	6
8	1	9	5	3	6	4	2	7
6	4	1	9	2	7	8	5	3
4	8	3	7	1	9	2	6	5
1	9	6	4	5	2	7	3	8
7	2	5	8	6	3	1	4	9
3	7	2	6	8	4	5	9	1
9	5	4	3	7	1	6	8	2
2	6	8	1	9	5	3	7	4

11

7	3	9	2	5	6	8	4	1
1	6	4	9	8	7	3	2	5
5	8	6	3	4	1	2	7	9
4	1	7	6	3	2	5	9	8
9	5	2	7	1	4	6	8	3
8	2	3	4	9	5	1	6	7
3	7	5	8	2	9	4	1	6
2	9	8	1	6	3	7	5	4
6	4	1	5	7	8	9	3	2

12

5	6	2	8	3	4	7	9	1
6	1	4	9	5	3	2	8	7
9	3	7	1	4	2	5	6	8
3	7	5	6	8	1	9	4	2
1	8	9	2	7	6	4	3	5
2	5	3	4	9	7	8	1	6
8	4	6	7	1	5	3	2	9
4	2	8	5	6	9	1	7	3
7	9	1	3	2	8	6	5	4

13

7	5	8	6	9	3	4	2	1
4	8	7	2	5	9	3	1	6
9	2	1	8	3	6	7	4	5
5	6	3	4	1	7	8	9	2
3	1	9	7	4	2	5	6	8
6	9	5	3	7	1	2	8	4
8	7	2	9	6	4	1	5	3
1	3	4	5	2	8	6	7	9
2	4	6	1	8	5	9	3	7

14

8	2	3	5	7	9	1	4	6
9	8	2	4	5	1	3	6	7
2	6	9	3	4	5	7	8	1
7	3	5	9	1	6	8	2	4
3	9	4	8	6	7	5	1	2
5	4	6	1	2	3	9	7	8
4	5	1	7	8	2	6	9	3
6	1	7	2	3	8	4	5	9
1	7	8	6	9	4	2	3	5

15

5	2	7	8	4	6	3	9	1
1	8	6	7	9	4	2	5	3
6	3	9	1	2	5	7	8	4
7	4	3	9	5	8	1	6	2
9	1	5	4	7	2	6	3	8
8	5	4	6	3	1	9	2	7
2	9	1	3	6	7	8	4	5
4	6	8	2	1	3	5	7	9
3	7	2	5	8	9	4	1	6

16

8	6	2	1	5	7	4	3	9
4	5	8	3	6	9	1	2	7
1	2	3	7	9	6	8	4	5
7	3	5	8	4	2	9	1	6
9	4	1	2	3	5	6	7	8
5	7	6	9	2	4	3	8	1
2	9	4	5	8	1	7	6	3
6	8	7	4	1	3	5	9	2
3	1	9	6	7	8	2	5	4

17

7	5	4	9	8	1	3	2	6
8	1	3	5	6	2	4	7	9
2	6	9	3	7	4	1	8	5
6	7	1	4	2	5	9	3	8
4	9	5	8	3	6	7	1	2
3	8	2	7	1	9	5	6	4
5	3	6	2	9	7	8	4	1
9	2	8	1	4	3	6	5	7
1	4	7	6	5	8	2	9	3

18

3	1	2	9	5	6	7	8	4
4	5	6	8	1	7	3	2	9
8	7	4	6	9	3	2	1	5
1	3	9	2	8	4	6	5	7
7	9	1	4	3	2	5	6	8
2	6	8	5	7	1	9	4	3
6	8	5	3	4	9	1	7	2
5	2	3	7	6	8	4	9	1
9	4	7	1	2	5	8	3	6

19

5	8	1	3	7	9	4	2	6
3	4	7	9	6	1	5	8	2
4	6	2	8	9	5	3	7	1
1	9	5	4	3	8	2	6	7
8	7	3	1	2	6	9	4	5
2	5	9	6	4	7	1	3	8
6	1	4	2	8	3	7	5	9
7	3	6	5	1	2	8	9	4
9	2	8	7	5	4	6	1	3

20

2	6	5	1	3	4	8	9	7
1	7	6	3	4	8	9	5	2
5	9	3	7	2	6	1	4	8
4	2	8	5	9	1	7	6	3
7	4	1	2	8	9	5	3	6
3	5	4	8	1	2	6	7	9
6	1	2	9	5	7	3	8	4
9	8	7	4	6	3	2	1	5
8	3	9	6	7	5	4	2	1

21

9	8	1	4	7	6	2	5	3
4	5	6	1	3	2	7	8	9
2	7	3	8	5	9	1	4	6
7	2	4	9	8	3	5	6	1
6	9	5	2	4	1	3	7	8
3	1	8	7	6	5	9	2	4
8	3	9	5	2	4	6	1	7
1	4	2	6	9	7	8	3	5
5	6	7	3	1	8	4	9	2

22

5	7	4	1	9	3	6	8	2
8	2	3	5	4	6	9	7	1
9	6	1	7	2	8	5	4	3
6	4	8	9	7	2	3	1	5
1	5	2	3	6	4	7	9	8
3	9	7	8	1	5	4	2	6
4	3	5	2	8	7	1	6	9
2	1	6	4	5	9	8	3	7
7	8	9	6	3	1	2	5	4

23

6	3	9	4	8	5	7	2	1
2	8	4	9	7	1	6	5	3
5	7	1	3	6	2	8	9	4
1	2	5	6	9	4	3	7	8
9	6	7	8	5	3	1	4	2
3	4	8	1	2	7	5	6	9
8	5	3	7	4	9	2	1	6
7	9	6	2	1	8	4	3	5
4	1	2	5	3	6	9	8	7

24

4	6	3	9	5	7	1	2	8
2	5	1	3	4	8	6	9	7
8	9	7	6	1	2	4	3	5
9	4	8	2	3	1	5	7	6
6	1	2	5	7	4	3	8	9
7	3	5	8	6	9	2	1	4
3	2	9	4	8	5	7	6	1
5	7	6	1	9	3	8	4	2
1	8	4	7	2	6	9	5	3

25

1	4	9	6	3	2	8	7	5
2	8	6	4	7	5	1	9	3
5	3	7	9	1	8	4	2	6
9	1	2	5	8	7	6	3	4
4	7	3	2	6	1	9	5	8
8	6	5	3	4	9	7	1	2
6	2	4	1	9	3	5	8	7
3	9	8	7	5	4	2	6	1
7	5	1	8	2	6	3	4	9

26

2	1	6	8	3	7	4	9	5
7	5	8	6	4	9	3	1	2
3	4	9	1	5	2	7	8	6
1	7	2	3	9	6	5	4	8
8	3	5	4	7	1	6	2	9
9	6	4	5	2	8	1	7	3
6	8	3	9	1	4	2	5	7
5	2	1	7	8	3	9	6	4
4	9	7	2	6	5	8	3	1

27

5	6	3	1	9	7	4	2	8
8	9	4	5	6	2	7	1	3
2	7	1	8	4	3	6	5	9
7	2	6	3	1	9	8	4	5
4	8	9	7	2	5	1	3	6
1	3	5	6	8	4	2	9	7
9	1	7	2	5	6	3	8	4
6	4	8	9	3	1	5	7	2
3	5	2	4	7	8	9	6	1

28

9	1	7	3	6	5	8	4	2
8	5	4	1	9	2	6	3	7
2	3	6	8	4	7	5	9	1
5	9	2	7	3	4	1	8	6
4	6	8	5	1	9	7	2	3
3	7	1	6	2	8	4	5	9
6	2	3	4	8	1	9	7	5
1	8	5	9	7	3	2	6	4
7	4	9	2	5	6	3	1	8

29

8	4	2	3	6	5	7	1	9
9	6	3	4	1	7	8	5	2
7	5	1	9	8	2	4	3	6
5	2	8	7	4	1	9	6	3
3	9	7	6	5	8	2	4	1
4	1	6	2	3	9	5	7	8
1	7	4	8	9	6	3	2	5
6	3	9	5	2	4	1	8	7
2	8	5	1	7	3	6	9	4

30

8	2	6	4	3	9	5	7	1
5	9	3	6	7	1	2	4	8
1	4	7	8	2	5	6	3	9
4	5	1	2	6	8	7	9	3
6	7	9	3	5	4	1	8	2
2	3	8	9	1	7	4	6	5
3	1	4	7	9	2	8	5	6
7	6	2	5	8	3	9	1	4
9	8	5	1	4	6	3	2	7

31

7	4	9	3	1	2	6	5	8
6	8	3	7	9	5	1	2	4
1	5	2	4	8	6	3	9	7
3	9	1	6	5	7	4	8	2
2	6	5	8	4	1	7	3	9
8	7	4	9	2	3	5	1	6
9	3	8	1	7	4	2	6	5
4	2	6	5	3	9	8	7	1
5	1	7	2	6	8	9	4	3

32

9	8	2	3	5	6	4	7	1
7	3	6	8	1	4	2	5	9
5	1	4	9	2	7	3	6	8
6	5	7	2	3	9	1	8	4
2	9	1	4	6	8	5	3	7
3	4	8	5	7	1	6	9	2
8	2	3	1	9	5	7	4	6
1	7	9	6	4	3	8	2	5
4	6	5	7	8	2	9	1	3

33

7	3	6	2	9	5	8	4	1
9	8	1	4	7	6	3	2	5
4	5	2	3	1	8	7	9	6
3	6	7	9	8	4	1	5	2
5	1	4	7	6	2	9	3	8
8	2	9	1	5	3	4	6	7
6	4	8	5	3	7	2	1	9
1	7	3	6	2	9	5	8	4
2	9	5	8	4	1	6	7	3

34

3	2	6	5	8	7	4	1	9
7	8	5	9	1	4	2	6	3
9	4	1	2	6	3	5	7	8
4	3	7	6	5	1	9	8	2
5	1	9	8	7	2	6	3	4
2	6	8	4	3	9	1	5	7
8	9	3	1	4	6	7	2	5
6	5	2	7	9	8	3	4	1
1	7	4	3	2	5	8	9	6

35

9	8	7	4	1	3	2	6	5
6	3	2	9	5	7	8	1	4
1	5	4	6	8	2	9	3	7
2	7	1	8	3	4	6	5	9
3	9	6	2	7	5	1	4	8
5	4	8	1	9	6	3	7	2
7	6	9	3	4	8	5	2	1
8	2	5	7	6	1	4	9	3
4	1	3	5	2	9	7	8	6

36

6	9	8	3	7	4	2	1	5
4	5	3	8	1	2	7	9	6
7	2	1	9	5	6	4	8	3
8	4	7	6	9	3	1	5	2
2	6	5	1	4	7	8	3	9
1	3	9	5	2	8	6	4	7
5	8	6	2	3	1	9	7	4
9	1	4	7	6	5	3	2	8
3	7	2	4	8	9	5	6	1

37

2	9	1	6	5	8	3	7	4
5	8	7	1	4	3	6	2	9
6	4	3	2	7	9	8	5	1
3	5	6	9	8	1	7	4	2
9	7	4	5	3	2	1	6	8
8	1	2	7	6	4	9	3	5
1	6	5	4	9	7	2	8	3
4	3	9	8	2	6	5	1	7
7	2	8	3	1	5	4	9	6

38

8	5	4	6	9	1	7	2	3
3	2	6	8	5	7	1	9	4
7	1	9	3	2	4	5	8	6
9	7	5	4	8	6	2	3	1
4	3	2	1	7	9	8	6	5
6	8	1	2	3	5	9	4	7
5	4	3	9	1	2	6	7	8
2	6	7	5	4	8	3	1	9
1	9	8	7	6	3	4	5	2

39

5	1	8	7	2	6	4	9	3
4	7	3	5	8	9	2	6	1
9	2	6	1	3	4	8	7	5
7	8	9	4	6	5	3	1	2
1	6	4	2	9	3	7	5	8
3	5	2	8	1	7	9	4	6
8	4	1	6	7	2	5	3	9
2	9	7	3	5	1	6	8	4
6	3	5	9	4	8	1	2	7

40

2	8	6	9	5	7	3	1	4
3	4	5	1	8	2	6	9	7
1	9	7	6	4	3	8	5	2
5	2	3	8	9	1	7	4	6
9	7	1	2	6	4	5	8	3
4	6	8	3	7	5	1	2	9
8	5	9	7	2	6	4	3	1
6	1	2	4	3	8	9	7	5
7	3	4	5	1	9	2	6	8

41

F	L	A	Y	G	D	R	O	N
Y	N	G	F	O	R	A	L	D
D	R	O	N	L	A	Y	F	G
N	O	Y	L	A	G	F	D	R
A	G	D	R	F	O	L	N	Y
R	F	L	D	Y	N	O	G	A
L	Y	R	G	D	F	N	A	O
O	D	N	A	R	L	G	Y	F
G	A	F	O	N	Y	D	R	L

42

S	B	U	A	E	F	H	C	L
E	H	C	B	L	U	A	S	F
F	L	A	S	H	C	U	B	E
H	U	F	E	A	B	S	L	C
B	C	L	F	U	S	E	H	A
A	E	S	L	C	H	B	F	U
C	F	H	U	B	E	L	A	S
L	S	E	H	F	A	C	U	B
U	A	B	C	S	L	F	E	H

43

Y	N	H	S	I	P	C	O	M
I	M	C	Y	H	O	P	N	S
O	S	P	M	C	N	H	I	Y
S	H	O	P	M	I	N	Y	C
N	P	I	H	Y	C	S	M	O
C	Y	M	O	N	S	I	P	H
H	I	Y	N	S	M	O	C	P
P	C	S	I	O	Y	M	H	N
M	O	N	C	P	H	Y	S	I

44

C	S	T	G	Y	I	M	A	N
I	N	A	M	C	T	G	S	Y
G	Y	M	N	A	S	T	I	C
T	C	S	A	G	Y	I	N	M
A	M	I	C	S	N	Y	G	T
Y	G	N	T	I	M	S	C	A
N	I	C	Y	M	G	A	T	S
S	T	Y	I	N	A	C	M	G
M	A	G	S	T	C	N	Y	I

45

N	I	E	G	U	R	D	H	M
D	G	R	M	H	E	U	N	I
H	U	M	D	I	N	G	E	R
M	D	U	R	N	H	E	I	G
I	R	H	U	E	G	M	D	N
G	E	N	I	D	M	H	R	U
R	N	D	E	M	U	I	G	H
U	H	I	N	G	D	R	M	E
E	M	G	H	R	I	N	U	D

46

O	P	T	S	U	A	R	E	M
U	S	R	E	M	P	A	T	O
A	E	M	O	R	T	S	P	U
T	R	O	U	E	M	P	A	S
P	M	S	A	T	R	U	O	E
E	U	A	P	O	S	M	R	T
M	A	P	T	S	O	E	U	R
R	O	U	M	P	E	T	S	A
S	T	E	R	A	U	O	M	P

47

U	V	N	E	R	L	O	S	Y
Y	L	E	O	S	N	U	V	R
S	O	R	Y	U	V	N	L	E
L	S	V	R	N	U	E	Y	O
R	Y	O	V	E	S	L	U	N
N	E	U	L	Y	O	V	R	S
E	U	S	N	L	R	Y	O	V
O	N	L	S	V	Y	R	E	U
V	R	Y	U	O	E	S	N	L

48

U	T	E	S	O	Y	R	N	G
N	S	O	R	U	G	Y	T	E
G	Y	R	T	E	N	U	O	S
S	R	N	E	T	U	O	G	Y
Y	O	U	N	G	S	T	E	R
E	G	T	O	Y	R	N	S	U
R	U	S	G	N	T	E	Y	O
O	N	Y	U	S	E	G	R	T
T	E	G	Y	R	O	S	U	N

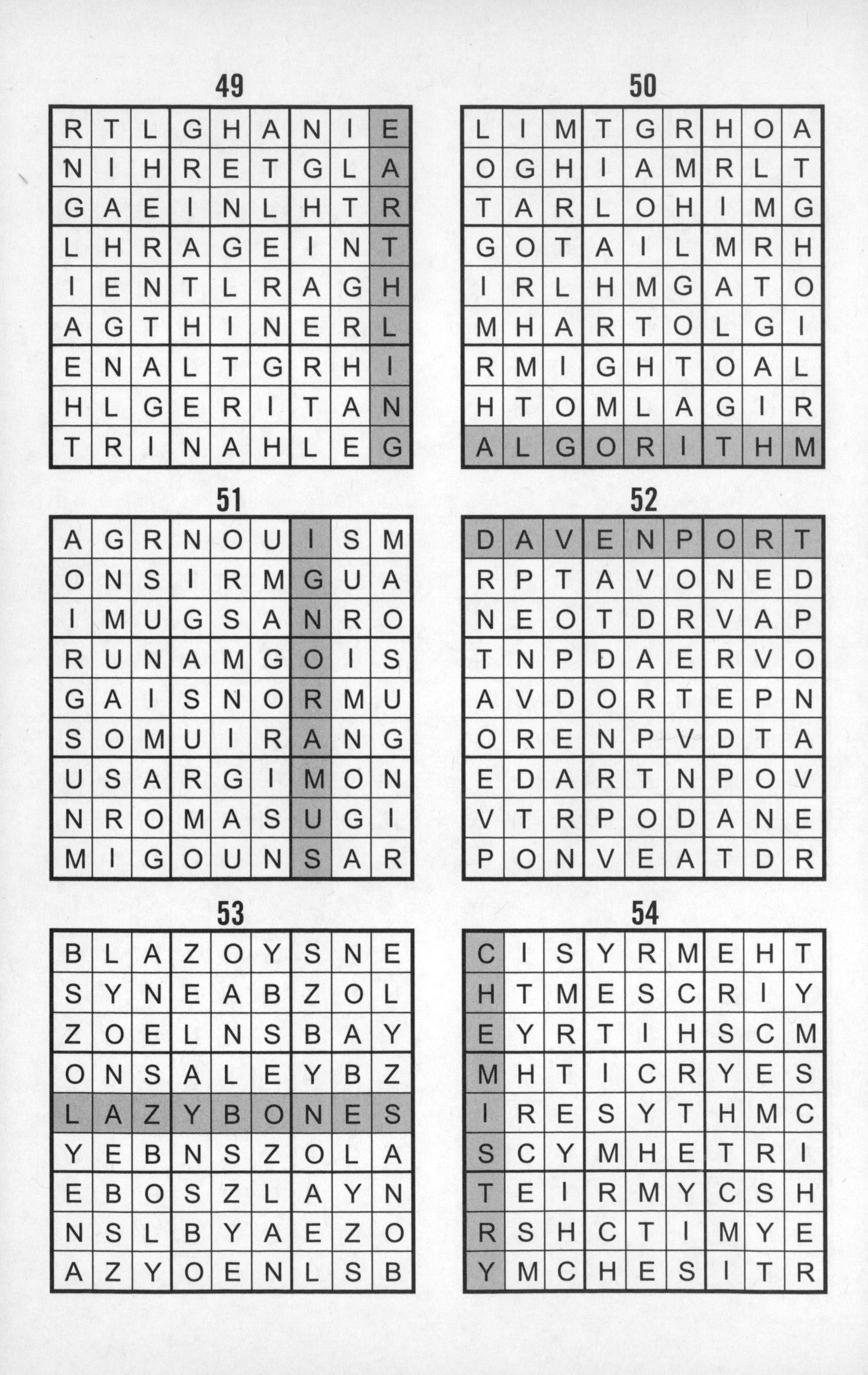

49

R	T	L	G	H	A	N	I	E
N	I	H	R	E	T	G	L	A
G	A	E	I	N	L	H	T	R
L	H	R	A	G	E	I	N	T
I	E	N	T	L	R	A	G	H
A	G	T	H	I	N	E	R	L
E	N	A	L	T	G	R	H	I
H	L	G	E	R	I	T	A	N
T	R	I	N	A	H	L	E	G

50

L	I	M	T	G	R	H	O	A
O	G	H	I	A	M	R	L	T
T	A	R	L	O	H	I	M	G
G	O	T	A	I	L	M	R	H
I	R	L	H	M	G	A	T	O
M	H	A	R	T	O	L	G	I
R	M	I	G	H	T	O	A	L
H	T	O	M	L	A	G	I	R
A	L	G	O	R	I	T	H	M

51

A	G	R	N	O	U	I	S	M
O	N	S	I	R	M	G	U	A
I	M	U	G	S	A	N	R	O
R	U	N	A	M	G	O	I	S
G	A	I	S	N	O	R	M	U
S	O	M	U	I	R	A	N	G
U	S	A	R	G	I	M	O	N
N	R	O	M	A	S	U	G	I
M	I	G	O	U	N	S	A	R

52

D	A	V	E	N	P	O	R	T
R	P	T	A	V	O	N	E	D
N	E	O	T	D	R	V	A	P
T	N	P	D	A	E	R	V	O
A	V	D	O	R	T	E	P	N
O	R	E	N	P	V	D	T	A
E	D	A	R	T	N	P	O	V
V	T	R	P	O	D	A	N	E
P	O	N	V	E	A	T	D	R

53

B	L	A	Z	O	Y	S	N	E
S	Y	N	E	A	B	Z	O	L
Z	O	E	L	N	S	B	A	Y
O	N	S	A	L	E	Y	B	Z
L	A	Z	Y	B	O	N	E	S
Y	E	B	N	S	Z	O	L	A
E	B	O	S	Z	L	A	Y	N
N	S	L	B	Y	A	E	Z	O
A	Z	Y	O	E	N	L	S	B

54

C	I	S	Y	R	M	E	H	T
H	T	M	E	S	C	R	I	Y
E	Y	R	T	I	H	S	C	M
M	H	T	I	C	R	Y	E	S
I	R	E	S	Y	T	H	M	C
S	C	Y	M	H	E	T	R	I
T	E	I	R	M	Y	C	S	H
R	S	H	C	T	I	M	Y	E
Y	M	C	H	E	S	I	T	R

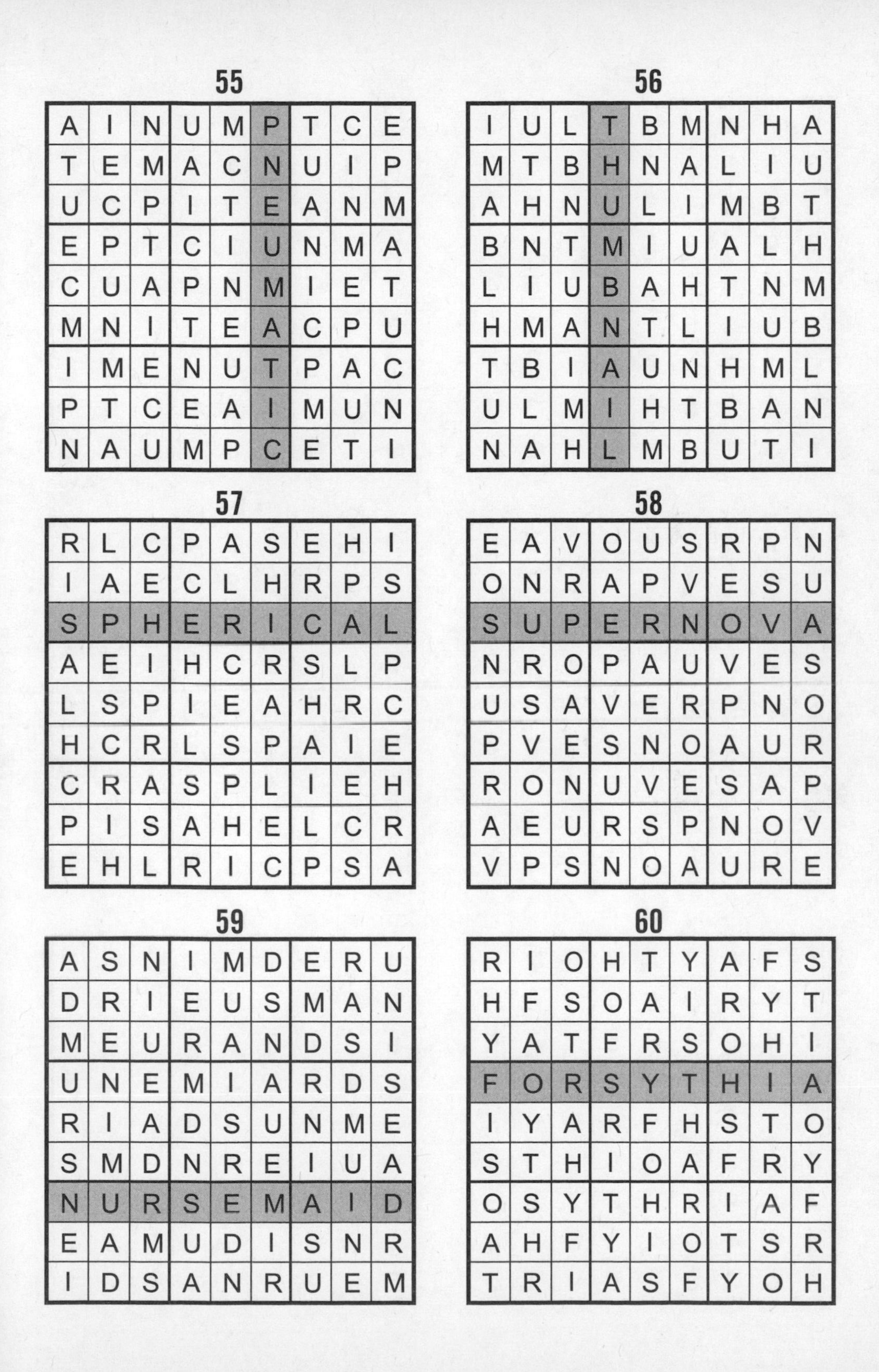

55

A	I	N	U	M	P	T	C	E
T	E	M	A	C	N	U	I	P
U	C	P	I	T	E	A	N	M
E	P	T	C	I	U	N	M	A
C	U	A	P	N	M	I	E	T
M	N	I	T	E	A	C	P	U
I	M	E	N	U	T	P	A	C
P	T	C	E	A	I	M	U	N
N	A	U	M	P	C	E	T	I

56

I	U	L	T	B	M	N	H	A
M	T	B	H	N	A	L	I	U
A	H	N	U	L	I	M	B	T
B	N	T	M	I	U	A	L	H
L	I	U	B	A	H	T	N	M
H	M	A	N	T	L	I	U	B
T	B	I	A	U	N	H	M	L
U	L	M	I	H	T	B	A	N
N	A	H	L	M	B	U	T	I

57

R	L	C	P	A	S	E	H	I
I	A	E	C	L	H	R	P	S
S	P	H	E	R	I	C	A	L
A	E	I	H	C	R	S	L	P
L	S	P	I	E	A	H	R	C
H	C	R	L	S	P	A	I	E
C	R	A	S	P	L	I	E	H
P	I	S	A	H	E	L	C	R
E	H	L	R	I	C	P	S	A

58

E	A	V	O	U	S	R	P	N
O	N	R	A	P	V	E	S	U
S	U	P	E	R	N	O	V	A
N	R	O	P	A	U	V	E	S
U	S	A	V	E	R	P	N	O
P	V	E	S	N	O	A	U	R
R	O	N	U	V	E	S	A	P
A	E	U	R	S	P	N	O	V
V	P	S	N	O	A	U	R	E

59

A	S	N	I	M	D	E	R	U
D	R	I	E	U	S	M	A	N
M	E	U	R	A	N	D	S	I
U	N	E	M	I	A	R	D	S
R	I	A	D	S	U	N	M	E
S	M	D	N	R	E	I	U	A
N	U	R	S	E	M	A	I	D
E	A	M	U	D	I	S	N	R
I	D	S	A	N	R	U	E	M

60

R	I	O	H	T	Y	A	F	S
H	F	S	O	A	I	R	Y	T
Y	A	T	F	R	S	O	H	I
F	O	R	S	Y	T	H	I	A
I	Y	A	R	F	H	S	T	O
S	T	H	I	O	A	F	R	Y
O	S	Y	T	H	R	I	A	F
A	H	F	Y	I	O	T	S	R
T	R	I	A	S	F	Y	O	H

61

6	7	4	1	9	5	2	8	3
3	5	9	4	2	8	1	6	7
8	1	2	7	6	3	5	4	9
7	9	3	8	5	4	6	1	2
1	8	6	2	3	7	9	5	4
2	4	5	6	1	9	3	7	8
5	6	7	3	4	2	8	9	1
9	2	8	5	7	1	4	3	6
4	3	1	9	8	6	7	2	5

62

5	2	6	4	9	3	8	1	7
4	9	8	7	1	2	6	3	5
3	7	1	6	5	8	9	4	2
1	5	3	8	2	6	4	7	9
2	8	7	3	4	9	5	6	1
6	4	9	1	7	5	2	8	3
7	3	5	9	6	4	1	2	8
8	6	2	5	3	1	7	9	4
9	1	4	2	8	7	3	5	6

63

1	7	4	2	3	9	8	5	6
8	6	2	4	7	5	3	9	1
5	3	9	1	6	8	7	2	4
6	2	5	8	9	3	1	4	7
9	1	3	7	5	4	2	6	8
4	8	7	6	1	2	9	3	5
2	4	1	3	8	6	5	7	9
7	9	6	5	2	1	4	8	3
3	5	8	9	4	7	6	1	2

64

3	1	6	8	5	4	9	7	2
2	5	8	3	9	7	4	1	6
7	4	9	6	1	2	3	5	8
9	7	3	5	4	6	8	2	1
1	8	4	7	2	9	6	3	5
5	6	2	1	3	8	7	4	9
6	2	7	4	8	5	1	9	3
8	9	1	2	7	3	5	6	4
4	3	5	9	6	1	2	8	7

65

1	3	5	6	4	7	8	2	9
7	9	8	2	5	1	3	4	6
4	6	2	3	8	9	1	7	5
9	8	4	1	6	2	5	3	7
3	1	7	5	9	4	2	6	8
5	2	6	7	3	8	4	9	1
2	5	9	4	1	6	7	8	3
8	7	1	9	2	3	6	5	4
6	4	3	8	7	5	9	1	2

66

4	8	3	1	2	7	6	5	9
9	2	5	6	8	3	1	7	4
6	1	7	5	9	4	2	8	3
2	9	6	7	5	1	3	4	8
8	5	4	2	3	9	7	1	6
3	7	1	8	4	6	9	2	5
7	4	9	3	1	5	8	6	2
1	3	8	4	6	2	5	9	7
5	6	2	9	7	8	4	3	1

67

6	9	5	2	3	4	1	7	8
2	4	8	7	1	9	5	6	3
7	3	1	5	8	6	9	2	4
1	6	3	8	9	2	7	4	5
8	2	4	6	5	7	3	1	9
5	7	9	3	4	1	6	8	2
4	8	6	9	7	3	2	5	1
9	1	2	4	6	5	8	3	7
3	5	7	1	2	8	4	9	6

68

1	8	9	5	6	3	2	4	7
7	2	5	1	4	9	8	3	6
6	4	3	7	2	8	9	5	1
9	1	7	3	5	6	4	2	8
3	6	4	8	1	2	7	9	5
2	5	8	9	7	4	6	1	3
4	3	2	6	8	1	5	7	9
5	9	6	2	3	7	1	8	4
8	7	1	4	9	5	3	6	2

69

8	2	6	7	5	1	3	9	4
5	9	3	2	4	8	6	1	7
1	4	7	6	9	3	8	5	2
9	1	8	4	7	6	2	3	5
4	3	2	9	1	5	7	6	8
7	6	5	8	3	2	9	4	1
3	8	1	5	2	9	4	7	6
6	5	4	3	8	7	1	2	9
2	7	9	1	6	4	5	8	3

70

2	1	4	8	3	7	5	9	6
8	9	3	4	6	5	1	7	2
7	6	5	1	2	9	3	8	4
4	5	7	3	9	6	8	2	1
9	8	1	2	5	4	7	6	3
6	3	2	7	8	1	9	4	5
5	4	6	9	7	3	2	1	8
1	7	8	5	4	2	6	3	9
3	2	9	6	1	8	4	5	7

71

6	9	4	8	3	5	7	1	2
5	2	8	9	1	7	6	3	4
1	7	3	6	4	2	9	8	5
8	3	1	4	9	6	5	2	7
7	5	9	1	2	8	4	6	3
4	6	2	5	7	3	8	9	1
3	1	6	7	8	4	2	5	9
2	8	7	3	5	9	1	4	6
9	4	5	2	6	1	3	7	8

72

5	9	1	4	8	6	3	2	7
2	4	6	7	3	1	9	8	5
7	3	8	2	9	5	1	4	6
3	6	5	8	2	4	7	1	9
4	2	9	1	5	7	6	3	8
1	8	7	3	6	9	4	5	2
8	7	2	6	4	3	5	9	1
9	1	4	5	7	2	8	6	3
6	5	3	9	1	8	2	7	4

73

9	5	2	7	3	6	8	1	4
8	4	7	5	1	2	3	9	6
1	6	3	8	9	4	2	5	7
6	2	9	3	4	5	1	7	8
4	1	8	6	2	7	5	3	9
3	7	5	1	8	9	4	6	2
7	9	4	2	5	1	6	8	3
5	3	6	4	7	8	9	2	1
2	8	1	9	6	3	7	4	5

74

2	8	5	9	3	4	1	7	6
1	9	3	7	6	2	4	5	8
6	4	7	5	1	8	3	2	9
3	1	8	2	4	6	5	9	7
7	6	2	3	9	5	8	4	1
9	5	4	8	7	1	6	3	2
8	3	1	4	2	9	7	6	5
4	2	6	1	5	7	9	8	3
5	7	9	6	8	3	2	1	4

75

6	9	5	2	8	4	3	1	7
1	4	2	7	9	3	6	8	5
3	7	8	1	6	5	4	9	2
4	1	9	8	5	2	7	6	3
7	5	6	9	3	1	8	2	4
2	8	3	6	4	7	1	5	9
9	6	7	4	2	8	5	3	1
5	2	1	3	7	6	9	4	8
8	3	4	5	1	9	2	7	6

76

9	8	7	4	6	2	3	5	1
3	5	2	8	1	9	6	4	7
4	6	1	5	3	7	8	9	2
6	7	4	2	9	3	5	1	8
5	3	9	1	7	8	2	6	4
1	2	8	6	5	4	7	3	9
7	4	3	9	2	6	1	8	5
8	1	6	7	4	5	9	2	3
2	9	5	3	8	1	4	7	6

77

9	5	7	1	3	6	2	8	4
2	1	3	8	4	5	6	7	9
4	6	8	2	9	7	1	3	5
7	8	2	6	1	4	5	9	3
1	3	9	7	5	8	4	6	2
5	4	6	9	2	3	8	1	7
3	7	4	5	8	1	9	2	6
6	9	1	4	7	2	3	5	8
8	2	5	3	6	9	7	4	1

78

9	1	8	5	4	6	2	7	3
7	3	6	2	9	8	5	4	1
4	2	5	7	1	3	8	9	6
3	6	2	9	8	7	4	1	5
5	4	1	3	6	2	7	8	9
8	9	7	1	5	4	3	6	2
2	7	4	6	3	1	9	5	8
1	5	3	8	7	9	6	2	4
6	8	9	4	2	5	1	3	7

79

2	6	1	7	3	9	5	8	4
7	9	5	8	4	6	3	1	2
8	4	3	5	2	1	9	6	7
5	1	9	4	8	7	6	2	3
6	7	2	9	5	3	1	4	8
3	8	4	6	1	2	7	9	5
9	3	6	2	7	8	4	5	1
4	2	7	1	6	5	8	3	9
1	5	8	3	9	4	2	7	6

80

1	9	6	3	5	7	8	2	4
8	2	5	4	1	6	9	7	3
7	4	3	8	2	9	1	6	5
5	3	2	6	8	1	7	4	9
6	7	4	5	9	2	3	8	1
9	1	8	7	4	3	6	5	2
2	6	1	9	7	4	5	3	8
4	5	7	1	3	8	2	9	6
3	8	9	2	6	5	4	1	7

81

		1	2			5	1	6	
		6	9	4		1	3	2	6
	8	5	3	6	4	2		4	9
	6	7		7	5		5	9	
			1	3		7	1		
		6	2		8	1		4	9
	9	3		9	6	2	4	1	3
	6	2	1	4		6	8	5	
		1	3	7			9	7	

82

		1	2				1	5	
	1	2	3	5		5	3	6	1
	2	3		9	1	7		4	2
		6	8		5	9	7	8	
			7	1		8	6		
		8	9	7	5		9	8	
	6	5		2	1	3		7	9
	8	7	5	9		2	8	6	5
		9	6				5	9	

83

		1	3	2		9	3	4	
	2	3	9	8		3	1	2	8
	1	2						5	1
	7	8	5	1	2		3	6	9
			1	2	5	3	4		
	3	9	8		8	1	2	5	9
	5	8						9	8
	1	6	3	7		1	5	2	3
		4	2	1		3	9	4	

84

		2	7				9	8	
	2	1	9	3		1	3	2	5
	1	8		1	5	9		3	1
		9	7		7	8	6	9	
			9	5		3	1		
		9	8	3	4		2	3	
	8	7		1	2	3		4	9
	3	5	1	2		6	7	2	8
		8	2				3	1	

85

		8	7	9		2	1	6	
	2	3	1	7		6	8	9	3
	1	2						7	1
	4	7	3	2	1		6	8	5
			1	4	3	5	2		
	7	3	4		5	6	1	4	3
	2	1						7	8
	6	2	1	3		2	1	8	9
		8	6	9		1	3	9	

86

		1	9				8	6	
	8	6	7	9		7	9	3	1
	9	5		8	6	9		4	3
		3	7		1	3	2	5	
			9	7		4	1		
		9	8	5	7		4	5	
	9	6		8	9	6		8	4
	4	3	2	1		3	1	7	2
		7	1				2	9	

87

		4	8	9		7	4	3	
	2	3	9	5		2	6	1	3
	5	1		7	9			5	1
	1	2	4	3	5		1	4	2
			6	1	2	9	8		
	5	1	7		1	3	2	6	5
	8	3			6	8		4	3
	4	2	7	1		4	1	3	6
		8	9	2		6	7	5	

88

		1	4	5		1	2	3	
	1	3	5	8		5	1	2	4
	5	2	3	6				6	2
	2	4		2	9		6	7	1
			5	1	3	4	2		
	8	3	9		1	7		9	8
	3	1				2	3	5	1
	9	4	1	2		1	2	4	9
		5	3	6		3	9	8	

89

		4	7			7	9	8	
	6	3	2	9		4	6	5	8
	4	2	1	8	3	5		9	7
	5	1		6	8		8	7	
			5	7		5	9		
		2	1		9	7		8	6
	9	5		8	6	9	2	7	5
	7	8	5	9		6	1	5	9
		4	1	2			3	9	

90

		3	4				3	1	
	5	9	8	4		3	5	4	2
	9	8	3	5	1	4		3	1
		7	5		5	1	6	2	
			1	3		9	7		
		1	7	2	9		9	5	
	5	3		1	5	3	4	2	6
	1	2	7	4		7	8	4	9
		4	5				5	1	

91

	7	2		8	9	6		9	7
	9	3		9	7	5		8	5
		5	9			2	1		8
	2	1	3	4	6		3	5	6
	1	4		8	9	7		7	9
	9	6	8		8	1	2	6	3
	4		9	7			1	3	
	3	1		2	4	1		8	9
	7	2		1	2	3		9	7

92

		2	1				5	2	
	2	4	5	1		2	1	3	4
	3	1		3	7	1		1	2
		8	7		9	5	6	8	
			4	9		3	8		
		1	2	4	3		4	9	
	1	5		8	6	9		5	1
	3	4	9	7		5	6	7	3
		6	8				9	8	

93

		2	1	4		2	3	1	
	9	5	3	6		8	9	2	1
	8	3	2	1				4	2
	2	1		2	1		6	3	5
			1	3	2	5	4		
	5	8	9		3	2		7	9
	1	3				3	1	5	6
	2	9	8	3		4	7	9	8
		5	2	1		1	2	4	

94

		2	3	1		7	6	1	
	3	8	9	2		9	5	2	1
	1	3		9	5			3	2
	8	9	2	3	1		6	4	9
			9	4	2	1	5		
	1	5	7		4	2	1	6	9
	8	9			3	5		1	7
	2	6	1	3		7	9	5	8
		4	2	1		3	8	2	

95

	2	6		3	5	6		2	1
	1	8		4	1	2		1	7
		9	3			1	3		3
	7	5	1	6	3		1	6	2
	4	3		2	4	1		8	4
	9	7	8		7	3	8	9	5
	5		5	4			4	7	
	6	1		2	4	1		5	2
	8	3		8	9	7		4	1

96

		5	1				4	6	
	1	3	2	5		3	1	5	2
	4	8	3	9	7	1		8	4
		9	8		6	5	7	9	
			4	5		9	5		
		3	5	8	6		9	4	
	1	5		7	3	1	6	2	4
	3	2	8	9		9	8	5	7
		1	4				2	1	

97

	9	8		7	8	9		3	6
	5	6		1	6	4		1	4
		5	7			1	2		8
	6	7	9	5	8		4	2	9
	5	9		1	9	2		4	7
	3	4	1		6	3	2	1	5
	1		2	4			9	5	
	4	2		5	1	2		6	8
	2	1		9	3	7		3	9

98

	1	2	4				1	2	3
	5	9	7	8		1	5	4	2
			2	4	1	3	6		
		7	8	9	5		2	8	4
	1	3						3	1
	4	6	8		4	3	2	7	
			9	7	8	5	6		
	6	3	7	5		1	3	2	5
	2	1	5				1	4	8

99

	8	3		6	9	8		8	2
	9	6		2	3	1		9	5
		9	7			6	9		6
	4	7	6	9	3		7	2	1
	9	1		8	1	5		8	4
	5	2	9		2	4	1	5	3
	6		7	4			7	9	
	7	9		3	1	2		4	8
	8	4		9	6	8		7	9

100

	8	7	9	5		7	5	8	9
	2	6	5	1		3	1	4	2
	5	9						9	7
	4	8	3	1	5		8	7	3
			6	3	8	9	7		
	3	7	5		6	8	9	4	7
	6	8						1	3
	4	5	1	2		4	9	5	6
	2	9	3	1		1	3	2	5